마 당

문복선

새미

「마당」을 정리하며

문 복 선

늦게나마 시조를 쓰게 된 지 벌써 10년이 넘었나 보다.

그 동안 여러 문예지에 발표만 하다가 지난 2000년 초여름에 첫 시조집 「또 하나의 그리움이」를 출간하였다.

이제, 두 번째 시조집 「마당」에 80수의 작품을 정리해 본다. 이 중 70%이상이 이미 여러 문예지에 발표한 것들이어서 스스로는 새로운 감동은 없어도 다시 한 번 다듬었다. 대체로 내용상 다음과 같이 나누어 보았다. 제 1부에선, 인간의 원초적 그리움과 향수 그리고 사랑을, 제 2부에선, 역시 어쩔 수 없는 삶의 원초적 고독과 슬픔과 고뇌로움을, 제 3부에선, 아름다운 인정과 꿈, 희망을 노래하였다. 제 4부에선, 인고와 지절, 인간을 비롯한 모든 사물의 존재의미와 그 정체성을, 그리고 마지막 제 5부에선, 고뇌롭고 거짓스런 현세적 삶의 자세와 그 문명을 풍자함으로써 진실한 삶의 가치를 굴착하고 동시에 나의 참모습을 찾고자 하였다.

이상 간략하게 내용을 소개하였지만, 실은 변변치 못한 자식을 아무런 준비 없이 출가시키는 마음이어서 불안과 망설임이 앞설 뿐이다.

끝으로 졸고를 아껴주시고 격려해 주신 채수영 교수님께 심심한 감사의 말씀을 드린다. 아울러 이 작품집을 엮어주신 국학자료원 정찬용사장님께도 감사의 말씀을 올린다.

2003년 이른 봄

신사골에서…

차 례

제 2부. 바람이 서 있는 곳

제 3부. 연 꽃

제 4부. 마 당

제 5부. 벽의 군살

제 1부

하얀 만남

3월, 그 고향

잔치처럼 달아 오른
아지랑이 파란 두렁

오줌 싸며 뛰어오른
개구리 흘낏 보며

소녀는
바구니를 꿴 채
봄 향기를 달린다.

논배미 한참 돌아
헐떡이는 어미 암소

구부러진 멍에 그늘
숙명이듯 군살 돋고

핏발 선
두 눈동자는
진흙처럼 무겁다.

살구나무 물오르는
외딴 집 저녁 연기

지난 가을 시집 간 딸
기다리는 母情이사

성급히
징검다리 건너
삼거리를 달린다.

등잔불 문살마다
담장 너머 외로운 밤

먼 별빛 고향이듯
뒤 뜨락을 파고들면

모녀의
긴 이야기는
모시 삼듯 하얗다.

하얀 만남

하얀 달은 강물 따라
고향 가듯 흐르고

흰 강물은 달을 물고
탯줄처럼 흐른다.

흐름은 다시 시작임을
가슴으로 말하며.

산 계곡 굽이마다
물도 돌고 달도 돌고

소용돌이 뒤집혀도
다시 서는 하얀 의지

원년의
아픈 생명을 연습 마냥 뒹군다.

푸른 벌은 쉬며 가자
초가를 지날 때면

강물은 뒤 뜰 감아
둥근 달을 안아 눕고

둥근 달
굴뚝에 앉아
신방 안을 훔친다.

티끌 벗어 밝은 달은
강심(江心)에 날개 접고

용란(龍卵)을 잉태한 채
만삭으로 눕는 강물

강과 달
하얀 만남은
숨탄것들 첫사랑.

思 母 曲

부르기가 죄스러워
목소리를 낮춥니다.
'어머니' 한마디가
문풍지로 떨리는데
화롯가
깊은 겨울밤이 더욱 따스합니다.

돌아눕는 지친 모습
뵈옵기 서럽습니다
잔주름 골 골마다
묻어나는 땀 냄새가
문지방
넘어 흘러서 부엌까지 퍼집니다.

까아만 머리카락은
복종으로 퇴색되고
못 다 씻은 흙손마디
고달픔에 경련인데

거칠은
숨결 마디마다 자식들이 매달립니다.

하루를 또 하루를
속아서 사신다구요
그 말씀 이제서야
조금은 알듯한데
풋마늘
된장국 냄새가 불현듯이 그립습니다.

이 세상 어떤 삶이
그렇게도 아름다우리까
어느 가슴 그리 넓어
많은 단비 내리리까
어머니,
햇볕 따슨 봄
꽃으로만 사소서.

흙 담

흙담은 살아 있다
미소를 띠고 있다

언제나 마당 가에서
조상들과 얘길하다가

비 내려
궂은 날에도
꿋꿋하게 서 있다.

투박한 긴 모자는
할아버질 빼닮았다

이고 있는 하얀 박은
어머니의 인고인가

흙담은
새벽을 두드리는
맏며느리 뒷모습.

긴 멍석 둘둘 말아
가는 어깨 매달아도

이마에 흐르는 땀
삶을 엮는 믿음이라

감도는
국화 향기에
땀을 씻고 사느니.

서리 풀섶 문지르는
달밤도 깊어지면

벌판에 이는 바람
맨살로 다스리다

흙담은
들창문 열고
한줌 인정 던진다.

일곱 살 손자 놈이
담벼락에 오줌 싼다

그래도 껄껄 웃는
너른 가슴 부러움인데

세월은
흙담의 어깨를
슬프게만 누른다.

사계(四季), 그리운 고향 노래

몸살이듯 울타리 밑을
돌아 흐르는 실개천

봄 꿩의 푸른 목청이
물소리를 흔들면은

되울림
묻어오는 봄은
진달래로 불탄다.

먼 바다 밝은 달빛이
파도소리 들어올리고

삼촌의 돛단배가
만선가(滿船歌)를 높이 달면

백조의
파아란 눈은
그리움을 물고 온다.

가을 밤을 두드리는
강 마을 다듬이 소리

깊은 너울 귀뚜라미
자정을 넘어서면

어느 해
한을 풀까나
고운 가슴 그리워.

마른 나무 숲을 지나는
하얀 언덕 슬픈 바람

푸른 댓잎 흔드는 건
바람만이 아니구나

꿈꾸듯
참새들 투정에
흰 눈가루 쏟아진다.

장 마 비

긴 꼬리를 늘어뜨리고
꾸물꾸물 걸어온다

들창문 밀치고서
가슴 열고 내다보니

장독대
고인 빗물에
어머니가 서 있다.

평생을 궂은 날들
온몸으로 꿰매시다

허무를 접으려는
인고의 콧노래가

나즉이
빗물이 되어
내 살 속을 적신다.

남 산 길

다박 솔 파란 웃음
황토밭 언덕길을,
서산 위 해를 물고
평조 한 잎 읊조리면
질세라
산새 소리가 나뭇잎을 흔든다.

아홉 살 누이 따라
쑥 뜯던 그 석양을,
허기져 굽은 허리
콧노래도 울음인데
배고파
떠난 벗 생각에 이슬 시린 눈시울.

풀피리 고개 넘어
강물로 흐르다가
은하 멀리 돌아 돌아
여린 풀빛 흔들면은
벗인 양
남산 그늘은 사랑으로 다가온다.

미루나무

고향으로 가는 길엔
어디에나 미루나무
하늘하늘 파란 웃음
연인으로 다가오면
언제나
가던 길 멈추고 그만 눈을 감는다.

마당가에, 풀섶에도
곧은 의지 자랑 같고
우물가, 시냇가에도
고운 춤 사랑인데
인정이
그리운 너는 내 가슴을 흔든다.

외딴 집 오일장엔
모두가 비어 있고
산그늘 벌써 오는
한낮이 지나면은
나무는
순이와 함께 붉은 고추 다듬는다.

물 향 기

소양강 강 마을
이른 아침 물 향기

참쑥이며 더덕이며
꽃 냄새 묻어오면

꿈꾸듯
소녀의 눈빛은
푸른 산을 넘는다.

담장 밑 아이들

나는 지금 도시의
시멘트를 걷고 있다.

그림자도 얼어붙은
좁은 골목이 막아서고

어둠의 회색 벽들은
내 가슴을 누른다.

벌집 같은 가슴 벽은
오한(惡寒)을 뒹굴다가

흐르는 달빛처럼
먼 고향을 더듬는다

벌판엔 서릿바람 쌓여도
담장 밑은 따뜻했다.

홑 소매 너른 자락
빳빳해진 콧물 자국

파란 마음 서로 불러
하루종일 좇던 햇살

처마 끝 어둠이 매달려도
담장 밑은 웃음 꽃.

아이들 앞가슴에
열 사흘 달 뒹구는 밤

하아얀 이야기들
고샷길을 내달리면

가난한 마을 담장들은
탯줄 마냥 이어진다.

과천 대공원 (외출6)

느티나무 애 띤 얼굴
파란 웃음 걸어온다

서로는 가슴 열고
존재를 확인한다

어떤 건
갈증을 풀러
개울가로 달리고.

오름 길 잔디밭엔
바람 먼저 드러눕고

청계산 푸른 여운
레일 위에 신음인데

열차는
허공을 감아
괜한 허세 부린다.

그물에 찢긴 자유
눈빛도 서러워서

맹수들은 온 몸으로
먼 고향을 긁어대는데

세 살 난
어린아이는
먹이 들고 다가선다.

빈대떡 한 접시에
나그네로 걸터앉아

지친 하루 외출 중인
내 마음을 다독이면

향수를
집는 젓가락에
하얀 낮달 걸린다.

월미도 윤 사월은 (외출7)

자유공원 맥아더는
아직도 전쟁인가

구겨진 군모 아래
머언 향수 눈빛 젖어

파이프
긴 그림자에
비둘기가 내린다.

월미도는 나의 고향
윤 사월 꽃 그림자

바닷새 꿈을 앓는
옛 이야기 나의 사랑

내 가슴
밀물로 섰다
달빛 안고 뒹군다.

바닷가 소요(逍遙)

앓던 사랑 그리움에
귀가 더 커진 소라껍질

반달 가슴 조가비는
향수 물고 신음인데

칠월의
햇빛 더미가
하얀 속살 만진다.

짠바람 긴 세월을
제살 깎아 버틴 의지

버릴 것 더는 없는
조약돌 미소 위에

내 지친
가슴 조각을
사랑이듯 얹는다.

머언 구름 이랑으로
다가오는 옥색 물결

까아만 오디 빛깔
아이들을 불러놓고

하아얀
옛 이야기를
온몸으로 말한다.

개펄 속 어린 게들
꿈을 꾸는 푸른 오후

청포 돛 흔들리는
추억은 밀물인데

끝내는
다가오지 않는
머언 섬이 그립다.

거제도 해금강

새벽을 묶어 놓고
어둠을 세워 놓고
물안개 하얀 장막
사방을 둘러친 뒤
바다는 상승의 고함으로
해금강을 밀었다.

조물주의 신기(神技)인가
석벽(石壁) 병풍 기교 백 길
그 위에 또 바위 얹고
바위 끝에 웃는 노송(老松)
궂은 날 천 년을 감고
내 키만큼 서 있다.

갈매기는 어둠을 쪼아
수평 멀리 내던지고
수줍어 돌아앉은
핏빛 동백 그리움에
고깃배 외로운 물살
흰 날개가 서럽다.

밤바다

누군가 내 영혼을 흔드는 소리 있어
바람인가 대숲인가
맨발로 나가 보니
바다가
깊은 밤길을
혼자서 걸어온다.

밤 물결에 살 오르는 푸른 소라 너도 오고
외로움에 지친 날개
물새들도 모두 오라
이 밤엔
눈물 같은 것일랑
묻어오지 말아라.

어제 그제 설운 세월 빗질하여 무엇하랴
길 잃은 그림자들
갈증으로 떠는 이 밤
너와 난
머언 그리움을
마주 보고 걸어가자.

시드니 풍경

태양은 가지에 걸려
내려오질 못하고

걸음마다 밟히는 건
파란 그늘 녹색 바람

사랑은
고목에 붙어 매미처럼 앓는다.

오페라 비춰 물결
흰 조가비1* 하늘에 달고

대교2* 너머 요트들은
머언 구름 반달인데

바닷가
굵은 햇살은
여인들을 문지른다.

* 1) 시드니 오페라 하우스
* 2) 하버 브리지

호수의 전설*

호수 멀리 섬 마을에
소년이 살았단다

눈빛 한 번 육지 소녀에
가슴을 빼앗기고

소녀는
춘향이처럼
매일 밤을 울었다고.

그리움을 찢어놓은
족장(族長)의 노여움도

귀천(貴賤)의 깊은 한(恨)이
파도로 막아서도

모래 위
목마른 사랑
타는 불꽃 어쩌리.

동산에 달이 뜨면
호수는 눈을 감고

백사장 분화구는
흰 물줄길 뿜어댄다

호숫가
달이 지는 밤
은빛 전설 그 사랑.

못 다한 정 어쩔거나
아침이 옆에 오면

꿈처럼 고운 물살
한 쌍의 백조 모습

날갯짓
얼우는 소리
임이신가 서러워.

* 뉴질랜드 로토루아 호수에는 춘향과 이도령 같은 아름다운 사랑의 전설이 있다.

당신의 가슴에 전화를 달아놓고

어머니는 북풍을 안고 마늘밭에서 운명하셨다
흙 묻은 손 마디마디 망백(望百)을 문지르며
딸 아들 기다리다가 바람처럼 가셨다.

미움도 삭이면서 서러움도 녹이면서
모시 삼듯 서린 恨에 그 가슴 깊이만큼
땀으로 결은 세월은 텃밭 같은 것이었다.

어릴 적에 외할아버지 파도에 묻어두고
외삼촌도 슬픈 넋이 달빛 바다 뒹군다고
일곱 살 어린 손마디 인고로만 닳았다.

무명옷 한 두벌에 눈물로나 큰딸 시집 보내고
아들 손자 앞서 보내 당신 가슴은 무덤이었다
못나고 뻔뻔한 놈은 울 수조차 없습니다.

목소리 그리워서 조심스레 드는 전화
떨리는 열 손가락 어둠 속에 굳어 버리고
어머니 이젠 전화할 곳 아무 데도 없습니다.

하아얀 당신 가슴에 전화를 달아 놓으세요
한평생 못 모신 죄 恨의 끈을 이어놓고
하루를 스물 다섯 번 뵙고 싶어 웁니다.

어머니는 웃으면서 텃밭에 앉으셨다
서울의 아파트보다 채전 양지 더 좋으시다고
언덕엔 항상 교회 종이 울리고 있습니다.

제 2부

바람이 서 있는 곳

장 날

비인 장은 사 일 구 일
포장이 먼저 오고

어물 가게 아낙네가
하품을 도마질하면

막걸리
둥근 대접에
덩달아서 해가 뜬다.

값싼 맛에 치수 다른
고무신짝 꾸겨 넣고

돼지새끼 몇 마리에도
흔수 흥정 턱이 없네

비단 전(廛)
첫 거래에는
외상 트고 친구 되고.

장터국수 순대국에
먹는 장사 그만이지

엿장수 하얀 가위
제멋대로 두들기면

질세라
큰 북 울리며
약장수가 다가온다.

채전이며 모내기며
가뭄에도 바쁜 일손

딸 아들 떠난 십 년
소식도 목말라서

술잔을
석양쯤 들고
지난 세월을 마신다.

화려한 만남

어지러운 비바람에
예감도 못했는데

소녀야 넌 벌써 나와
새벽을 울고 있구나

너와의
화려한 만남은
언제나 눈물이다.

네 향기에 가슴 젖어
전율로 서 있다가

멀기만 한 너의 넋을
체온으로 보듬으면

언제나
화려한 만남은
네 미소로 시작된다.

그 리 움(세월3)

한밤을 모로 눕던
시간마저 도둑맞고
헛기침 세월 뒤에
쌓이는 건 허무의 주름
아버지
젊던 눈빛이 이 밤 더욱 그립다.

헌옷 깁듯 질긴 삶을
온몸으로 꿰매어도
오늘이 어제 같고
내일 또한 그럴 것을
어머니
못다 부른 정 머언 훗날 그리워.

토방(土房)의 이야길랑
밤으로만 들을란다
대나무 텃밭 그늘
곱게 피던 목화송이
어린 맘
흔들리는 날엔 그 모습이 그립다.

질 곡(桎梏)

난(蘭) 한 잎 버리고서
무소유(無所有)의 즐거움을,

어느 스님 마음 끝을
가끔은 뇌이건만

아직도
난 질곡의 골목을
지병(至病)처럼 헤맨다.

뭐 그리 버릴 것도
비울 것도 없으련만

초라한 가슴 벽을
매달리는 잿빛 허상들

덧묻어
살아 있음을
의미하는 것일까.

모래는 너른 우주
낙원으로 살았는데

탯줄은 내 등을 밀며
질곡을 던져주고

스스로
그 끈의 의미를
찾아 보라 하였다.

찾은 것 하나 없어
내 가슴은 갈등이고

서 있는 곳 어딘지 몰라
마음은 바람 끝 쪽

나그네
봇짐도 없이
어디쯤을 가고 있나.

허 리 끈

그 아이는 언제나
허리끈을 길게 매고 산다
먹은 나이 놓칠까봐
가는 허리에 칭칭 감고
늘어진
끝자락 속을 잘근잘근 씹는다.

어머니의 깊은 살 속이
그리운 그 아이는
거울 속의 자기 얼굴이
누구인지도 모른 채
스치는
시간의 자락만 잘근잘근 씹는다.

바람이 불어와도
그 아이는 크게 놀란다
패인 가슴 웅크린 채
허리끈만 꼬옥 잡고
불안한
삶의 끝자락을 잘근잘근 씹는다.

동 강(東江)

태고의 순수 속에 전설을 낚는 너는
푸른 병풍 바위 끝에 세속 멀리 둘러치고
갈봄을 꽃단풍 그늘
건질 줄을 모른다.

정선이라 아리랑은 언제나 슬픈 이별
황새 여울 휘도는 물살 젊은 여인 몸살인가
가슴에 응혈진 한(恨)이
바위 되어 솟았다.

호사비오리는 애무하듯 비슬 나무 스쳐 날고
어름치 금강모치는 바위 아래 열애인데
외로워 밤을 우는 동강은
돌아 돌아 내 사랑.

강 심(江心)

가슴이 굳어질 땐 강가를 찾아간다
한 번쯤 역류로 반란을 일으킬 만도 한데
강물은 가슴을 열고
아래로만 흐른다.

때묻은 옷을 벗고 물 속을 응시한다
뭐 그리 급할 건가 고향처럼 흐르는 강
꼬리 쳐 달라붙는 모습
송사리 떼가 귀엽다.

쉰내 나는 내 마음을 모래알에 문지른다
설익은 사념들이 조각조각 떨어지면
강물은 모정의 손길로
나를 크게 감는다.

개구리 울음

이리 와도 따라오고
저리 가도 쫓아온다

달빛도 맘에 걸려
내려오다 멈칫멈칫

숨쉬는
논두렁마다
슬픈 설화 끓인다.

하늘과 땅 사이가
이별처럼 그리 멀어

서녘 달 목놓아도
부르는 소리 제자린데

이 밤사
내 가슴 열고
함께 울어 새리라.

소나무의 선담(禪談)

끝끝내 침묵하는 네 모습이 얄밉구나
꽃봉오리 진달래가
아양으로 떠는 아침
입 벌려 솟는 태양을
혼자서만 마신다.

반짝이는 파란 미소 바람결에 엮는 독백
고행처럼 빗질하는
올곧은 뜻 잎새 사이
어쩌다 가까이 가면
좀더 있다 오란다.

먼 별꽃 성근 밤에 북창을 열고 보니
네 섰던 꿈의 자리
어둠만이 출렁인다
차라리 빛깔 없는 선담을
멀리 두고 들으리.

이사 온 구룡사

언젠가 구룡사는 포이동에 이사왔다
단청은 드높은데
계단은 서너 계단
장심(掌心)의 염주알들은
이웃 많아 좋다고.

금으로 타는 자락 부처님 무릎 위에
아이들이 원 그리며
이리 뛰고 저리 뛰고
아승기 임의 미소는
밤으로만 커진다.

인연의 끝자락에 맨발로 부대끼며
당신의 목소리를
기다리는 이 목마름
먼 훗날
눈물이 되어
다시 여기 서리라.

바람이 서 있는 곳

저 들 끝 어디쯤에
바람이 서 있는가
빛 바랜 시간들이
빗물처럼 고인 길을,
정(情) 하나
꾸려 안고서
타향이듯 지난다.

언제나 석양이면
그 목소리 그리워서
서럽도록 높은 언덕
꽃잎은 시들어도
까맣게
타버린 내 귀는
네 가슴에 가 있다.

허공에 외쳐본들
잡힐 리야 있으랴만
달려가 바람이듯

먼 들 끝에 홀로 서면
또 다른
바람 하나가
외로움을 몰고 온다.

임 이 여

궂은 비 걷힌 언덕
풀 향기 묻어 오고

강물도 맑으려니
물새 소리 터지는 아침

임이여
떠나려는가
가슴 아직 따뜻한 걸.

강 건너 마을 길은
꽃 그늘 이삼 십 리

되돌아 언덕길은
절며 절며 오를 것을

임이여
떠나려 하는가
사랑 아직 눈물인 걸.

서해 낙조(落照)

한 마디 무슨 말을
더 보탤 수 있을 건가
무슨 몸짓 한 번 더
지을 수가 있을 건가
서해는
익은 가슴 열고
불꽃덩일 마신다.

서러운 이별 앞에
떨리는 푸른 눈썹을,
다홍치마 한 자락에
묻어버린 젊은 여인
바다는
숨을 죽이고
옛 추억을 앓는다.

무척이나 오래됐지
친구 따라 낙조 따라
사랑이 무언지도 모르고

떠나보낸 첫사랑이
붉은 해
지는 바닷가
발광이듯 그립다고.

가쁜 호흡 멈춘 뒤에
불꽃덩일 물고서도
바다는 미련스레
제 탓인걸 모르는가
지는 해
서러운 정을
투정으로 눕는다.

소래 포구 풍경

가는 길은 옥수수 밭
잎새마다 바닷소리

갯냄새야 한 오리쯤
생활을 몰고 오면

처마는
햇살보다 먼저
웃음소릴 토한다.

세월이 앉은 자리
저리도 깊이 패고

밀리는 물결이랑
흐려도 썩지 않네

아낙은
하얀 수건을
추억처럼 동여맨다.

개펄을 쪼아대던
갈매기 눈빛 밟고

낡은 철길 문지르는
중년의 긴 그림자

물먹은
닻줄만큼이나
석양빛을 누른다.

고운 속살 드러낸 펄
정(情)을 밟는 발자국들

촉촉한 파도소리
연가(戀歌)로 따라가면

불현듯
감기는 사랑
갯바위로 솟는다.

광천 야누스

긴 갯벌 갈대꽃은 외로운 헤로인들
눈빛 하나 주는 이 없어 객석은 비었어도
나를 듯 백조의 춤에
파란 하늘 내리는데.

우(牛)시장 금빛 울음
한살이가 고뇌라고
위세 잃은 굽은 뿔로
정든 산하 흔들다가
운명을
반추하면서
녹슨 짐차에 오른다.

마른 풀밭 파선 조각 햇볕 감아 허무로 눕고
먼 바다 석양을 앓다 꿈길처럼 밀려오면
갯바람 젓갈 냄새는
옷자락을 잡는다.

하늘 밑 첫 동네

지금도 어디쯤인지
나는 잘 모른다

지리산 한참 올라
하늘 밑 첫 동네

제대 후
꺽다리 김 소령은
꿀벌 치고 살았다.

아직도 왜 눈물인지
나는 잘 알고 있다

딸아기 천식에는
지리산 꿀 최고라고

강탈한
꿀통 속에는
꿀벌들이 박혔다.

제 3부

연 꽃

날 개

청학의 날개인가
너울은 춤으로 오고
소망이 진한만큼
쪽빛도 검게 타는데
해녀는
갯냄새를 메고
너울질을 시작한다.

숨소리 저린 열 길
어둠이 널름대도
산호초 꽃빛 물결
그 함성 너울지고
몸단장
끝낸 말미잘
춤사위가 천재다.

월계관 금빛 소라
그 질긴 이야기들도
긴 수렴 멋 부리는
흰 새우 거드름도
모태의

깊은 허공을
유영하는 자랑이다.

되 오르는 가슴이야
산고(産苦)처럼 짓눌려도
진주 빛 해녀 꿈은
파아란 너울 되어
언제나
성산포 앞 바다는
큰 날개로 살아간다.

연 꽃

흰 구름 내려앉은
하늘 위에 연좌(蓮座) 하나

오신다던 고운 임은
몸단장 끝났는가

맘 조려
서리는 눈빛
이슬방울 구른다.

가사(袈裟)인 양 바람 무늬
뿌리 깊이 흔들면은

하얀 속살 세속앓이
세월을 천 년 감고

염화소(拈華笑)
씻기운 가슴
임이라고 부르랴.

개 펄

오클랜드 개펄은
물 속 깊이 앓아 눕고
한국의 개펄은
태양 아래 서 있다
구조개
눈뜨는 소리 여인들은 듣는다.

오클랜드 개펄은
손바닥을 반만 내고
서해의 개펄은
온 몸을 자랑한다
끈끈한
가슴 가슴이 이 아침을 달린다.

오클랜드 개펄은
달빛 아래 신음하고
서산 바다 개펄은
달빛 먹는 화수분
이 밤사
삶의 중량이 가멸지게 영근다.

갈 대 꽃

강진의 갈대밭은
되짚으면 삼십 리 길

고운 개펄 뿌리 깊어
태풍에도 푸른 넋을

그 누가
약하다 하랴
정 다산도 밟은 길.

하얀 손 멀리 들어
영랑*도 불러 보고

다소곳이 몸을 낮춰
동네 애들 희롱하다

서편제
흐르는 가락에
백학으로 나른다.

* 영랑 김윤식 고향이 강진임

강 변

친구야
널 만나러 강변으로 가는 중이다
축복 받은 풀잎들은
나비 되어 춤을 추고
아침은
이슬로 내려
내 발등에 와 있다.

가슴이야
아직도 향수처럼 시려와도
친구야 이제 그만
무거운 신발을 벗자
갈대밭
하얀 애길랑
가슴 가슴 서려 넣고.

별꽃 내린
들국화들 그 향기 발로 차며
저녁놀 강물 되어

서녘 달을 잉태하다
먼 훗날
한 송이 꽃으로
이 강변에 다시 서자.

서귀포 밀감나무

서귀포는 문패처럼
밀감 달고 살아간다
노오란 그 미소에
정은 익어 사랑인데
사투리 향기에 젖어 고샅길도 따습다.

마디마다 가지 끝에
등불 켜고 마주 서면
돌담 너머 쪽빛 바람
기다리던 임이신가
그리움
웅크려 넣고 한 계절을 앓는다.

신산(辛酸)의 숲을 지나
완성에의 아린 진통
참 삶의 깊은 생명
처마 끝 후광(後光)인데
나그네 가슴을 열고 네 유혹에 젖는다.

성산 일출봉에 올라

용왕님이 벗어 던진
흑진주 왕관인가
검은 바위 머리마다 억센 세월 포개 놓고
억겁을 눈빛 꼿꼿이
자랑으로 서 있다.

쪽빛 물결 밟고 올라
바람 끝에 매달리니
어머니 뱃속인가 조물주의 바구닌가
생명의 파란 탯줄이
분화구에 꿈틀댄다.

파도 같은 목소리로
어머니를 외쳐보면
먼 바다는 다가와서 연인으로 속삭인다
파아란 바람으로 서서
한 세상을 살라고.

산 정(山 情)

흰 구름도 멈췄구나
억겁의 정 그리워
구름 사이 바위들은
좌선(座禪)으로 검게 타고
파아란 태고의 미소가
옷소매를 당긴다.

너럭바위 안아 넘는
하얀 물결 교태롭고
씻겨진 산새 소리
잎새마다 구르는데
구름 밑 숨은 바람이
내 가슴을 훔친다.

천상(天上)에 오르기가
그렇게도 어렵던가
마디마디 고뇌의 몸짓
천 년 오른 검은 고목
쉼 없는 머언 발길을
너와 함께 하련다.

황 지(黃池)*

청산들이 손을 잡고
가슴으로 말하는 곳
푸른 벌 고운 미소
쪽마루 이웃하고
황지는
석양을 깔고
어머니로 앉았다.

황지는 젖꼭지를
아예 다 열어 놓고
생명수 굽이굽이
너른 대지 적시면서
휘도는
청산을 따라
나그네로 흐른다.

어둠이 불어오면
진폐증 광부들은
소주병 가는 목을
비틀어 움켜쥐고

먼 고향
어머니이듯
황지 곁을 찾는다.

옛날에 황 부자는
욕심 많아 탈을 내고
오늘을 뿌린 살림
폐가처럼 눈물이다
황지여
화수분으로
강산 천 리 흘러라.

* 태백 시내 있는 연못으로 언제나 맑은 물이 치솟고 낙동강의 근원이 됨

강물로 마주 앉아

무겁거든 마음 덜어
내 가슴에 걸어다오
휘도는 강물 따라
꽃잎으로 흐르다가
지치면
별빛 젖는 밤 쉬었다가 건너자.

떠남일랑 생각 말자
너와 나는 만남이다
강물도 돌아 올라
이슬로 영글듯이
그리움
마주 서면은 언제나 만남이다.

오만한 불덩이로
절룩이던 그 허상들
되돌아 이 아침을
강물로 마주 앉아
어릴 적
둑길을 달리던 하얀 얼굴을 만나자.

용 문 사

선혜의 가슴인가
물소리 꽃으로 피고

바위마다 감기는 건
진여(眞如)의 긴긴 세월

흰 구름
종소리 물고
처마 멀리 나른다.

무심 천 년 산바람에
피고 지는 은행잎들

정토인양 파란 하늘
생명으로 보듬다가

극락전
후광을 받아
먼 산 넘는 염화소.

장생포, 그 아이들

도는 굽이 굽이마다
낮은 처마 웃음 잇고
처마 끝 그림자에
옥색 물결 하얀 애기
아이들
책가방 놓고 그 이야길 줍는다.

옛날엔 연안 뱃길
새벽이 먼저 오고
먼 바다 어둠 깨던
포경선 닻줄 소리
이제는 모래성 쌓기 아이들만 신난다.

해오라기 햇빛 물고
다가오는 푸른 오후
바다는 벌렁 누워
배꽃 가슴 활짝 열면
아이들
파아란 꿈을 타고 수평선을 나른다.

참 새

참새는 푸른 대나무 마디에서 자라난다
맨 꼭대기 거기쯤이
제 집이라 소리치며
언제나
밤 물결처럼
꿈의 조각 흔든다.

참새는 촌부(村婦)마냥 나누는 정도 알고
그 작은 날개로도
넓은 벌을 흔들다가
인가(人家)로
돌아올 때면
앞가슴이 커진다.

비 오듯 쏟아지는 파아란 이야기들
흐르는 달빛 받아
깊은 정 사랑인데
눈송이
흩날리는 아침은
이별이듯 슬프다.

등나무 아래서

언제나 등나무는
고향같이 다가선다

연보랏빛 꿈의 향연
꽃등들이 켜질 때면

잡힐 듯
희롱하는 바람
그 향기가 저리다.

한 발짝 웃음으로
꽃잎 아래 다가서면

바람은 품속으로
사랑처럼 젖어들고

답답한 세월의 응혈이
네 몸짓에 녹는다.

겸손을 미리 배워
주변을 비워 놓고

내 키만큼 머무르며
제 살 비벼 엮는 인정

이 계절
나 홀로 서도
살냄새가 따습다.

알몸으로 세상 사는
지혜는 깊은 뿌리

잎새는 흩날려도
그 뜻은 푸른 오월
내 가슴
깊이 파고서
너의 꿈을 심는다.

돌담길

교촌이라 하였던가
가슴 넓은 친구가 산다
돌담길 좁은 골목
뚫리는 듯 꺾어지고
돌아서
한참을 가도 내 마음은 제자리.

대문 없는 마당가엔
알알이 익는 살구
단 내음 그늘 아래
풋콩 까던 아낙네는
석양을
힐끗 보고는 부엌으로 들어간다.

뚫렸다 꺾어졌다
되돌아서 오는 이 길
몇 번을 걷다보면
정(情)은 익어 고향인데
흰 달빛
젖은 가슴들 둥근 돌로 살아간다.

깨어 있는 밤

나의 밤은 언제나
파랗게 깨어 있다

육신의 눈은 흐려져도
마음의 눈은 기가 살아

가고파
늘 벼르던 곳도
단숨에 내달리고.

내 그리운 모습들이
옆에 와서 뒹구는 밤

가슴 끈 풀어놓고
하얀 눈빛 마주 하면

마음은
별빛 받아
내 시간을 빗질한다.

남은 세월 펼쳐 놓고
몇 평쯤은 파란 잔디,
그 옆엔 채송화를
오색으로 뿌려놓고

서녘 달
흐르는 봄 밤
이슬로나 가꾸리.

나의 밤은 언제나
하얗게 살아 있다.

외손녀 세연이는
내 노래에 춤을 추고

구 개월
하얀 이빨이
자정 더욱 빛난다.

제 4부

마 당

마 당

청산이 달려와서
두어 그루 나무 심고
그늘 밑 터를 골라
집을 짓고 우물 파고
인정을
모두 불러서
안팎 마당 다졌다.

네가 살고 내가 살고
마당은 항상 거기에
마디 굵은 손가락들
마주 잡고 곁은 세월
가난이
무언지도 모르고
머슴 마냥 살았다.

절구통 뉘어놓고
후려치는 보리 타작
도리깰랑 조심해라
콩알 하나 멀리 튈라

휘감아
허공을 꺾는 솜씨
강신 무당 눈빛일레.

제기차기 공기놀이
어린 눈빛 하늘 닮고
널뛰기 큰윷놀이
은하 넘는 함성인데
방패연
탯줄을 풀며
덩달아서 오른다.

칠석 명절 대동제며
팔월 보름 풍물 고깔
하얀 속옷 내리는 달
사립문을 활짝 열면
하늘 땅
어우르는 소리
강아지도 외로 뛴다.

강강술래 고운 치마
마당 위엔 둥근 달이
옥색 신 밟는 소리
진정으로 사랑인데
서산 위
소쩍새 소리
울어 울어 밤 깊어.

마당가에 내리는 달
오동잎을 흔들면은
오손도손 둥근 멍석
하얀 길쌈 바빠지고
밖 마당
평상 끝에선
평조 한 잎 구른다.

늦가을 마당가엔
서리 벌써 모로 돋고
긴 담뱃대 빼끔대는
마름의 거드름에
허기진

소작인의 옷소매
저녁 해가 시리다.

시퍼런 칼 빛 아래
강제 공출 허리 휘고
죽어가는 붕어처럼
여린 목숨 할딱일 때
아이들
땅따먹기 놀이
지는 달에 묻힌다.

내 삶이 여기 있고
네 운명 여기 있어
발바닥 피멍으로
황사 잡초 걷어내고
친구야
아픈 가슴에
한 줌 꽃씰 뿌리자.

길

빈 손으로 그냥 가자
가지고 갈 게 뭐 있는가

고개 너머 구름 마냥
바람이나 함께 하고

못 다한
이야기들일랑
그리움으로 남기자.

넝마 같은 간판 지나
맑은 바람에 눈을 씻으면

내 가고픈 큰 길 숲엔
들새 소리 이슬로 오고

이슬 꽃
언덕을 넘어
푸른 별이 걸어온다.

문패 없는 파란 대지
하얀 강물로 걷고 싶다

풀벌레 우는 뜻은
꽃잎으로 남겨두고

한 다발
물안개엘랑 내 가슴을 적시고.

못 다한 질긴 정은
여백으로 남겨두자

외연히 솟은 청산
미련이듯 따라가면

흩어진
삶의 조각들이
올올 곧게 미소진다.

눈 오는 길(외출 8)

신발을 벗어 던지고
눈길을 밟아 본다
무거운 내 발길에
채이는 건 눈만이 아니다
살 저린 삶의 중량이
내 어깨를 짓누른다.

구룡산 너머에는
산도 있고 물도 있고
가슴 열면 가고픈 길
어디로도 열릴텐데
눈보라
고개의 길은
꿈길처럼 저리다.

한 길 눈 속 파란 싹은
흰 눈 먹고 자라는가
온 몸으로 파헤쳐도

닿지 않는 머언 거리
피멍든 열 손가락으로
내 알몸을 찾는다.

기 다 림

혹시나 놓칠세라
마음 걸음 떨리는데

뒷마당은 비안개 속
봄의 한기(寒氣) 아직 깊고

매화는
목젖을 당기며
내 눈빛을 피한다.

얼마를 더 기다려야
새벽이 열리는가

기다림 눈빛 지쳐
꽃망울로 터지는 날

내 가슴
맨발로 달려
네 몸짓에 울리라.

단 풍

이슬 서리 빚은 술에
저렇게도 취할 수가

빠알간 알몸으로
산비탈 오르다가

나무는
가쁜 숨 마디

타는 해를 또
마신다.

수수목 영근 뜻을

수렁거리는 수수밭을
가을볕이 먼저 앉고
조용히 지나려던 바람도 되돌아서
사르르
애무 한 번을 수수목에 감는다.

단풍 고운 청솔 한 잎
외로움에 떠는 언덕
길마다 뿌린 꿈은 세월 속에 침잠되고
어릴 적
파아란 내 모습은 잡초 끝에 묻혔다.

뒤돌아 휘어잡고
수숫대를 꺾어보니
살과 피 모개로 주고 온 몸은 텅 비었다
이제야
수수목 영근 뜻을 어렴풋이 알겠다.

석 화(石 花)

파도가 거칠수록
울타리를 높게 치고

한 점 티끌 물들세라
아픔으로 다진 세월

속 눈빛

따뜻한 이 오면

가슴 살짝 열리라.

어부의 눈빛

파도 위에 한 칸 방을,
온 바다가 마당이란다

조금 때는 지붕 가까이
돛배를 올려놓고

사리 땐
두어 발 그물을
욕심 없이 던진다.

젊었을 때 해일로
자식 하나 파도에 묻고

시집 간 딸아이는
소식이 드물어서

회심곡
마당에 깔고
낡은 그물 깁는다.

주먹이 들락날락
그물코가 성글어서

웬만한 고기들은
빠질까 걱정인데

치어(稚魚)는
잡을 수 없다
그 한 마디 떨린다.

욕심의 껍질 벗고
결어 온 한살이가

바다의 속살처럼
청옥으로 감기는데

주름진
눈빛 속으로
먼 바다가 밀물진다.

눈(眼)

내가 너를 보노라니 네가 나를 보고 있다
돌아서도 너와 나는 보이는 눈이 있다
언제나 너와 나의 눈은
하나이길 바란다.

내 눈빛 네 마음을
하얗게 칠해주마
네 눈빛 내 가슴을 알룩달룩 칠해 다오
언제나 서로의 눈은
똑 같기를 거부한다.

내 가슴을 씻어주면
네 눈빛은 별이 되고
네 마음을 씻어주면
내 눈빛은 이슬로 선다
영원히
우리의 눈은 순수이길 원한다.

산 정 호 수

솜구름 하얀 속살
한두 점 빠졌구나

바람도 못 건지고
어느 고갤 서성이나

네 깊은
가슴 열고서
먼 하늘이 걸어온다.

수초(水草) 끝 고추잠자리
제 그림잘 애무하다

외로움의 숲을 지나
모태(母胎)로 회귀하고

산새는
도깨비 불 물어다가
파란 물을 태운다.

시 월 엔

시월엔
무엇인가 자꾸만 갖고 싶다

시 한 수
꾸겨 넣고 집엘 와 자랑하면

아내는
읽지도 않고
별 것이 아니란다.

문장대에 오르며

법주사 팔상전은
석양쯤에 만나보자
낙엽을 차는 발길
새끼 암자 막아서고
국화 향
옷자락 속에
선담(禪談)으로 젖는다.

오르는 길 몇 굽이요
내리는 길 몇 굽인가
멎을 듯 지친 가슴
풀포기에 매달리며
문장대
오르는 뜻이
천 년 이끼로 돋는다.

시심(詩心) 안고 올랐던가
올라 보니 시심이던가
옛 문장들 어데 가고

바람만이 서걱이나
내 마음
청솔로 빗고
바위로나 앉는다.

촉 석 루

푸른 메 곧은 뿌리
녹아 흘러 남강 쪽빛
의암(義岩)을 감아 안고
낮달처럼 흐르는데
되돌아
세월 짚어도
천 년 한(恨)이 따습다.

눈 들어 단청 끝을
가슴으로 따라가면
어느 새 다가오는
임의 모습 별빛이라
촉석루
푸른 바위가
꽃송이로 불탄다.

당신의 높은 눈빛
그리도 장했던가
그리워 신발 벗고

옷깃 여며 오르나니
물새야
그날을 한 번
하늘 높이 울어라.

독 도 여

혼돈의 어디 메쯤
천지가 열리던 날
그 작은 몸매로도
꼿꼿한 눈빛 하나
먼 하늘
큰 별 이고서 죽순처럼 솟았다.

푸른 바다 천 길 속을
출렁이는 겨레의 혼
거룩한 넋 흰옷에 젖어
강토에 뿌렸나니
뉘 감히
우리 혈관을 비틀 수가 있으랴.

백구 소리 드높아라
물보라 힘 찬 기둥
충혼도 핏빛 가슴
떨리어 쌓이는데

독도여
네 눈동자는 운명이라 내 사랑.

죽서루

오십 천 내린 굽이
예서 발길 멈추었고

파란 대 곧은 마디
백 길 내려 절벽인가

허공을
감은 처마는
청학으로 비상하고.

나그네 소매 잡고
한 잔 술 마주 하면

세사에 지친 눈빛
구름으로 날개 돋아

목마른
가슴 가슴은
푸른 바달 나른다.

내소사에서

젓나무 깊은 그늘
내 앞을 막아선다.
바람은 맨발로 나와
그늘 아래 서성이다
나그네 무거운 발길
따라 오라 앞장선다.

지친 가슴 고름 풀어
물 한 모금 털어 넣고
눈 들어 앞을 보니
대 숲이 걸어온다
긴 세월 마디 진 삶이
부처 마냥 꼿꼿하다.

언제쯤 말을 하랴
부처님을 보았다고
한 번쯤 눈을 들어
어서 오라 하련마는

되돌아 나오는 길엔
안개비만 깊어라.

제 5부

벽의 군살

춘삼월 물오르면

-소사의 봄-

송이송이 꽃빛 너울
무릉이 멀다 하랴
소사 옛 골 언덕에는
꽃 그늘에 초가 숨고
복사꽃
분홍 향기는
꽃보다도 먼저 왔다.

언젠가 그 향기는
매립장에 끌려가고
오만한 회색 집들
굳게 닫힌 유리창문
그 언덕
구석진 그늘엔
꽃잎 하나 없구나.

춘삼월 물오르면
내 마음은 몸살이다
그 고운 인정들을

모두 불러 볼 맞대고
복사골
꽃구름으로
너울너울 춤추리.

도봉을 오르며

오르는 발걸음이
유난히도 흔들린다
장마 비 보름 넘어
익은 길도 낯이 설고
계곡 물
급하게 흘러 내 얼굴은 실종이다.

자가용은 패인 산길
괴물처럼 앞지른다
가슴 없는 사람들은
바위 끝에 한 발로 서서
개구리
헛배 내밀며 한 척 허상을 뽐낸다.

잎새에 이는 바람
상채기를 만져주고
이끼 바위 햇볕 앉아
사랑이 녹는 오후
사내들
나뭇잎 꺾어 깔고 놀음판에 목쉰다.

해 풍(海風)

오늘은 왠지 바닷바람이
몹시도 맵고 차다
어머니 가슴 같은
미역 잎도 얼었것다
백조의
여린 날개는 역풍으로 추락하고.

지난 여름 바닷가는
아이들의 하얀 몸짓
모래성 쌓다 말고
벌어지는 씨름판들
바람은
그리운 가슴 해당화는 터지고.

구름 너머 섬 하날랑
바람으로 남겨두자
원죄를 고뇌하는
자유에의 질긴 함성
그 곳엔
지번(地番)도 없는 내 고향이 있느니.

한강 낚시꾼

긴 띠가 요동하니
큰 놈이 분명하다
좋아라 낚아채나
썩은 비늘 춤을 춘다
요새는
 녹슨 바늘에
허상들만 꿰인다.

고향을 강탈당한
비닐 속의 어린 몸짓들
피 토한 눈동자는
몸부림도 빼앗기고
굽은 등
슬픈 꼬리는
유언장도 없구나.

낚시꾼 눈동자가
갑자기 흐려진다
물 속에서 더듬더듬
어머니를 찾고 있다

어느새
굽은 낚시는
모래 속에 녹는다.

잿빛 그림

그 화가는 잿빛으로만
도시를 그린단다
붓 대신 손가락으로
짓뭉개 칠한단다
빠알간
촛불 하나도 잿빛으로 켜놓고.

사다리 높이만큼
빌딩 숲을 칠할 때도
창문을 밀폐하고
잿빛으로 잠근단다
장미꽃
어린 한 송이 마루 끝에 눕히고.

함박눈은 잿빛 공간
생명 잃어 정지되고
공간을 건너가던
시간도 잿빛이다
어느 때
보랏빛 사랑 손끝에서 터질까.

시력 파괴(視力破壞)

세상 것들 잘 안보여 병원을 찾아갔다
돋보기 쓴 의사 선생 깨진 전등 들이대며
눈 속에
세균이 많다고
간호원을 호출한다.

막대로 짚는 글자 짐승으로 포효하고
색맹판 숨은 숫자 지렁이로 꿈틀댄다
귀가 길
네거리에는 어둠처럼 길이 없다.

강물에 귀를 씻던 옛 선비 누구던가
소금물로 씻어내도 보이는 건 허상들인데
눈 감고
세상 사는 법을 부처님은 알고 있나.

벽의 군살

나의 집 안방 벽은
신문지로 살아간다

수십 년을 덧바르니
군살은 깊어지고

뜻 없는
제 중량으로
임부(姙婦)마냥 괴롭다.

켜켜 쌓인 군살들이
밤바람에 흔들린다

껍데기 몸짓들이
거꾸로 목매달고

부정(不正)한
회장 나으리
죄 없다고 투덜댄다.

얼마를 더 견뎌야
아픈 군살 빠지는가

오늘도 지친 눈빛
벽 속을 걷노라면

빛 바랜
우리 모습이
슬픔으로 다가선다.

벽시계는 몇 시인가
달력 한 장 미리 떼자

어두운 골목 지나
푸른 평원 내달리면

마디 진
삶의 응혈이
강물로나 녹으리.

게 시 판

아파트 게시판은
제 잘났다 떠들어댄다
음악 미술 전문학원 백 이십 프로 합격이라
계산에 어두운 나를 감동으로 목을 죈다.

먼지 먹는 게시판은
위협으로 살아간다
공과금이 무엇인지 오늘까지 안 내면은
밤중엔 집을 차압한다고 눈 부릅뜨고 서 있다.

강아지를 찾고 있는
소녀의 눈물 옆엔
고리대금 흡혈귀가 피 묻은 손 빨고 있고
사교춤 필수 과목이라 내 어깨를 두드린다.

산다는 게 무엇인지
어리둥절한 시간들이
무뎌빠진 내 가슴을 꾹꾹 밟고 지나가면
뒤돌아 검은 게시판과 밤새도록 맞선다.

바다, 그 사념

하루가 지치는 사람,
사막이듯 터벅거리면

남아 있는 시간들을
멜빵 걸어 짊어지고

하늘 끝
천 번을 넘어오는
물 이랑을 보아라.

달밤이 그저 슬픈 사람,
오동이듯 지고 싶으면

설익은 감정들이
날 얼마나 괴롭히는지

만조(滿潮)에
찰삭이는 파도,
그 노래를 들어라.

가진 게 없다 투덜대는 이,
걸인마냥 항상 배고프면

없는 게 무엇인가
두 손으로 움켜쥐고

썰물 져
비워 둔 칠월 개펄
그 가슴을 만져라.

우둔하다 자책하는 이,
카멜레온 그리우면

거미줄 같은 긴 혓바닥에
백 번을 색칠하고

태풍이
지나간 바다,
그 본색(本色)을 찾아라.

돛 살

할미섬은
언제나 갈매기 떼 모자 쓰고
까아만 치마끈을 두 팔로 벌리고 서서
밀리는 조금 사리를
전설처럼 살고 있다.

둥글둥글
검은 돌을 한 층 두 층 잘도 쌓고
짚신으로 밟는 모습 이력이 난 할아버지
당신은 미끄럼 없이
돛살로만 사셨다.

사리 때
풍어 오면 주막집은 흔들리고
그믐 밤 조금에도 그물질 자랑인데
세월은 밀물지던 인정을
돛살처럼 묻었다.

등산유정(登山有情)

별러서 벗과 함께
관악산을 올라갔다
문명이란 도구들은
날 따라오며 슬픔 주고
친구는
검은 비 내려 산새가 다 죽었단다.

부끄러운 큰 글자들
신문지 깔아 놓고
쉰 목소리 절룩이며
막걸리를 파는 여인
허리께
두른 전대(纏帶)가 염주처럼 빛난다.

세월도 눈이 멀면
오월을 도둑맞고
부풀던 송화(松花) 가슴
사랑을 빼앗겼다
오늘 밤
맑은 비 쏟아 한 보름만 내렸으면.

뜨락 축제

눈물은 태워 버리고
질곡일랑 녹여 버려라

삐걱거리는 무대라도
피멍으로 만들어 놓고

발바닥
부르트도록
온 몸으로 춤을 추자.

춤추다가 지치면은
가슴 가슴 하나 되어
한(恨)이 묻은 창(唱)이라도
목쉬도록 불러보자

한 송이
꽃은 없어도
우리 노랠 부르자

* 세종문화회관 뒤뜰에서

오늘의 운세

구름이라 짚던 운세
어제는 바람 일고

바람이란 오늘 운세
온 종일 비안개다

신문의
'오늘의 운세' 는
나만 매일 속인다.

그래도 하루쯤은
신나는 날 없겠는가

어차피 오늘은 또 가고
내일은 내일인 것을

이홀랑 어두운 고갯길에
바람으로 서리라.

남대문 시장

장사꾼 손에 가려
숭례문이 안 보인다

질퍽이는 그림자들
목소리는 할딱이고

목 매단
하얀 전등이
질식하여 죽겠단다.

순대 할미 깊은 주름
한 세월을 구겨 넣고

얼룩진 옷자락 속
먼지를 떠는 황혼

구겨진
지폐 한 장이
넝마처럼 날린다.

■ 시 평

감수성의 숲 가꾸기 혹은 그리움의 방향

- 문복선의 시 -

채수영

(문학평론가.신흥대 문창과 교수)

Ⅰ. 프롤로그—들어가기

애당초 시조는 리듬(唱) 위주였지만 시대의 변화에 따라 의미 찾기의 표현으로 시적 방향이 바뀌게 되었다. 이런 현상은 갈등을 내재하는 결과를 맞게 되었으며, 자유시와의 차별성을 어떻게 갖는가의 기교적인 고뇌를 숙제로 안게 되었다. 다시 말해서 시조가 시의 범주 속에서 특성을 어떻게 표현미로 압축할 수 있을 것인가에 따른 독자성의 문제는 곧 생존의 문제와 궤를 같이 할 수밖에 없다는 점이다. 자유시를 쓰는 시인보다 언어 압축의 기교와 에스프리의 언어운용에 뛰어나야 함을 요구하지만 이런 현상은 상당히 지난(至難)한 경우가 다반사일 것이다. 왜냐하면 현대라는 특성을 감안할 때, 시대변화의 징후가 700여 년을 이어온 시조의 성(城)을 쉽게 무너뜨릴 수도 있을 만큼 사이클이 빠르게 변모하고있으나, 여기에 대처하는 시조시인들의 의식은 여전히 고대의 틀을 벗어나지 못하는 안주의 땅에 머물고 있기 때문이다.

현대인은 쉽고, 빠르고, 찰나적인 속도감에서 과거회상보다는 미래를 지향하는 상상력을 요구하고있다. 대체로 시조의 경우 과거지향이고, 격식존중과, 일정한 리듬에 내용을 담으려는 엄격성—변화에 적응하는 속도가 자유시보다 느리다는 특성이다. 이런 조건을 극복하는 것은 시조의 미래와 연결 지을 때, 사회의 변화추세와 문학 전반의 변화에 맞추는 안목이 필요한 이유가 있게 된다. 미래의 문학은 장르의 구분이 없어지는 퓨전(fusion)의 문학—여기서 시조는 길항(拮抗)으로의 돌아보기와 앞을 향하는 길 찾기가 아울러 있어야 할 것이다.

문복선의 시를 점검하는 앞자리에서 시조의 문제를 거론하는 것은—오늘의 시조가 직면한 정체성을 뚫고 나가는 방법론의 일환—문학도 생명체이기 때문에 환경의 변화에 적응하는 대비가 있어야만 살아남을 수 있기 때문이다.

두 번째 시조시집을 출간하는 문복선의 시에는 여느 시인들의 표정과는 다른 점에서 출발한다. 섬세한 감수성 그리고 고향의 정서와 어머니의 이미지 혹은 그리움의 대상을 결합하여 파스텔 톤의 환상미를 자극하고 있기에 감동의 여백은 상당히 인상적인 효과를 나타낸다. 이는 표현 대상을 어떻게 바라보는가에 따른 시각의 확보가 남다르다는 증거가 될 것이다. 이제 그 표정을 작품 속에서 찾아 나설 계제(階梯)이다.

Ⅱ. 사유의 얼굴들

1) 마당의 변증법

인간의 문화는 일정한 공간에서 인위적으로 이루어진다. 고대에 정치를 토의했고, 결정했던 agora거나 원형경기장인 콜로세움 등은 모두 의사소통과 흥분 혹은 일정한 의사를 집약하는 유일의 장소—마당의 일종일 것이다. 다시 말해서 개인에서 집단으로의 의견개진과 결정 등으로 볼 때, 사회생활이 이루어지는 구체성의 공간으로 나타난다. 수 천년동안 인간의 생활은 이 같은 패턴을 벗어나서는 존재할 수 없는 공동체의 존재—광장에서 이루어지는 룰에 따른 결정에서 예외일수없다는 사회적 존재이기 때문이다.

청산이 달려와서
두어 그루 나무 심고
그늘 밑 터를 골라

집을 짓고 우물 파고
인정을
모두 불러서
안팎 마당 다졌다

〈마당〉

국어사전에 마당?이라는 설명에는 '①건물에 붙이어 평평하게 닦아놓은 땅, ②어떠한 일이 벌어지고 있는 자리나 판. 장면'의 설명으로 볼 때, '닦아놓은'과 '어떠한 일이 벌어지고 있는'이 인위적으로 필요를 설정하고 만들었다는 점에서 삶의 필요에 따르는 공간으로 나타난다. 여기엔 변화가 있고 또 삶의 광장으로의 장면이 수시로 전환하게 된다. 마당은 사람이 사는 뜻을 나타내는 공간—삶의 터를 뜻한다. 아울러 자연으로의 상징성을 나타낼 때—인위적인 자연—애환과 증오 혹은 재미가 어울리는, 인간의 체취가 나타나는 점에서 삶의 일정 범주를 암시하는 상징성이다.

〈마당〉은 연작시조 10연 중 첫째 수는 삶의 광장으로 등장한다. 그 다음은 가난의 공간을 '머슴 마냥 살았다'에서 아픔의 생을, 보리타작의 생산공간, 제기차기 놀이, 명절에 강강술래의 즐거움, 마당에 내리는 달, 늦가을 소작인의 농사소출에 따른 애환, 땅따먹기의 놀이, 마지막 열 번째엔 공존의 터로 친구와 더불어 꽃씨를 뿌리기를 원하는 시인의 마음이 파노라마로 연결되어 있는 작품이다.

절구통 뉘어놓고
후려치는 보리타작
도리깰랑 조심해라
콩알 하나 멀리 튈라
휘감아
허공을 꺾는 솜씨
강신 무당 눈빛일 레

〈마당〉

생산의 구체적 공간으로 마당은 인간의 삶에 절실성을 나타내는 암시가 '강신 무당 눈빛' 으로의 예리한 시어에서 귀한 양식이 마당에서 생산되는 풍경을 보여준다. '절구통' 과 '보리타작' 이나 '도리깨질' 의 노동에서 근검과 양식의 소중함이 드러나고 삶의 소중한 가치로 승화되는 공간이 마당에서 이루어진다. 이는 공동과 공존의 의미와 인간 체온이 존재로 형성되는 암시를 나타내는 터전을 뜻한다. 이곳에서 삶의 이름이 성장하고 또 자연의 아름다움—달이 오고 바람이 오고, 여름이면 모깃불에 인간의 정감이 나타나는 상징의 공간이 된다. 생산과 자연과 투쟁의 방법을 배우고 익히는 마당의 의미는 곧 인간의 생존을 위한 실험 무대이면서 실현의 공간이다. 시인은 여기서 인간의 의미를 찾기 위해 설정된 감수성을 드러낸다.

내 삶이 여기 있고
네 운명이 여기 있어
발바닥 피멍으로
황사 잡초 걷어내고
친구야
아픈 가슴에
한 줌 꽃씰 뿌리자.

〈마당〉

시인은 그의 사상을 시로 말한다. 다시 말해서 시인이 시를 쓰는 이유는 자기의 생각을 나타내는 카타르시스와 그런 만족을 위해 문자로 사상을 피력한다. 물론 이를 실현하는 구체적인 목표를 설정하는 것이 문학은 아니다. 독자에게 감동으로 자극을 주는 힘이면 목표를 달성할 수 있기 때문이다.

〈마당〉은 문복선의 인간 품성을 나타내는 일단의 상징공간일 뿐만 아니라, 인간의 존재가 어떻게 실현될 수 있는 가를 보여주는 장소— '내 삶과 네 삶' 의 이름이 있고 투쟁과 공존의 이름이 존재하는 곳에 '친구야' 의 호격을 동원하여 시인의 소망을 '아픈 가슴에 / 한 줌 꽃씨를 뿌리자' 의 청유형으로 공생을 강조한다.

문복선 시인의 시작(詩作) 문법은 항상 어둠에서 희망, 불행에서 행복을 추구하는 정신의 에너지 때문에 긍정적인 귀결에 안도감을 주는 시의 마무리이다.

2) 고향으로의 정서

고향은 어머니의 이미지를 형성하고 원초적인 사랑 이름에 맞닿는 정서의 명칭이다. 인간이 태어난 수구초심(首邱初心)의 방향이면서 마지막으로 닿게 되는 이름이기 때문에 친근감과 사랑의 따스함이 저장된 곳으로 여긴다. 이는 나이를 불문하고 같은 이미지를 형성하기 때문에 원형(原型)의 이름을 갖게 될 수 있다. 문복선의 많은 시들이 이 같은 고향의 정서가 출몰하고 있음은 그의 삶과 시와 연결점을 갖는 이유를 내장하고 있다. 〈3월, 그 고향〉을 위시해서 〈하얀 만남〉, 〈四季, 그리운 고향 노래〉, 〈미루나무〉, 〈담장밑 아이들〉, 〈江心〉, 〈등나무 아래서〉 등의 시에 고향정서가 주조를 이루고 있을 뿐만 아니라 〈성산 일출봉에 올라〉나 〈황지〉 등도 비유적인 이미지를 구사하여 어머니와 고향의 일체성을 강조하고 있는 작품들이다. 이런 현상은 다감성과 자애로움 혹은 내성적인 특성으로 연결할 수도 있고 한편으로는 유약한 광장기피증의 심리적인 현상으로도 분류할 수 있을 것이다.

몸살이듯 울타리 밑을
돌아 흐르는 실개천
봄 꿩의 푸른 목청이
물소리를 흔들면은

되울림
묻어 오는 봄은
진달래로 불탄다

〈사계(四季), 그리운 고향〉

봄의 이미지가 변형의 정서로 나타났다. 다시 말해서 '실개천' 의 시각적인 면이 중장에서는 '푸른 목청' 이 물소리를 흔드는 동적(動的) 이미지를 나타내고 다시 종장에서 소리가 꽃으로 변형한다. 이런 기교는 감각적인 호소력을 가질 뿐만 아니라 살아 생동감을 주는 탄력적인 이미지로 작용하고 있어 능동적인 감각을 전달한다.

시는 무생물에 생명을 주고 다시 움직임을 연상시킬 때, 물활적인 실감을 자아내면서 시의 표정에 생명감을 부여하게 된다. 이런 기교적인 언어의 운용은 문복선의 내면에서 나오는 자발적인 에너지의 이름으로 보인다. 시인은 이런 에너지를 내장한 사람이기 때문에 영감으로 나오는 길을 능숙하게 표현미로 포착할 때, 이를 미감(美感)으로 포장하는 것은 시인의 재능으로 숙제를 삼는다.

문복선의 시에 고향의 정서는 유동성을 갖고 있는 점이 유다른 특징이다. 다시 말해서 고향의 정서가 강물과 만나 시인의 의식을 옮기는 역할을 한다. 〈강심〉이나 〈하얀 만남〉, 〈바닷가 소요〉, 〈등나무 아래서〉 등은 이런 특징을 내장하고 있다. 물론 노래라거나 향기 등의 이동(移動)성 이미지로 고향의 정서와 어울리는 것은 시인에게 현실의 외로움이나 내성적인 성품을 벗어나는 길 찾기의 의미일 수도 있을 것이라는 또다른 생각이다.

가슴이 굳어질 땐 강가를 찾아간다
한 번쯤 역류로 반란을 일으킬 만도 한데
강물은 가슴을 열고
아래로만 흐른다.

때묻은 옷을 벗고 물 속을 응시한다
뭐 그리 급할 건가 고향처럼 흐르는 강
꼬리 쳐 달라붙는 모습
송사리 떼가 귀엽다.

쉰내 나는 내 마음을 모래알에 문지른다
설익은 사념들이 조각조각 떨어지면
강물은 모정의 손길로

나를 크게 감는다

〈강심(江心)〉

아마도 문복선 고향의 정서를, 그리고 심리적인 기저(基底)를 가장 적절하게 표현한 느낌을 준다. 우선 성품에서 내향적인 인상 때문에 안정과 사랑의 감정을 고향에서 위로 받을 수 있는 선택의 이유— '가슴이 굳어질 때' 라는 상징의 핵을 말하고, '송사리 떼' 가 달라붙는 푸른 생각의 추억과 거친 현실을 뜻하는 '쉰 내 나는 내 마음' 에서 위안을 찾을 수 있는 공간은 고향— '모정의 손길로' 에서, 시인이 고향으로 고개를 돌리는 이유가 명료해진다. 이런 특성은 노자가 말한 '上善若水' 의 말이 적당할 것 같다. 이는 겸손과 순리를 뜻하는 삶의 방도를 의미하기 때문이다. 결국 강의 마음은 거스름이 없이 아래로 흐르는 본질이면서 고향으로의 목적지—거긴 추억과 사랑과 아름다움의 자연이 환상적으로 열려있는 공간—모정의 따스함으로 현실의 위안을 받을 수 있는 상징에 이어진다.

언제나 등나무는
고향같이 다가선다

연보랏빛 꿈의 향연
꽃 등들이 켜질 때면

잡힐 듯

회롱하는 바람
그 향기가 저리다.

한 발짝 웃음으로
꽃잎 아래 다가서면

바람은 품속으로
사랑처럼 젖어들고

답답한 세월의 응혈이
네 몸짓에 녹는다.

〈등나무 아래서〉

한 작품을 더 인용할 수밖에 없는 이유, 고향의 이미지가 환유(換喩)적인 비유로 상승하는 변형을 하고있기 때문이다. '나무' 라는 중심은 고향의 변함없는 의미를 공유한다. 여기서 다시 '보랏빛' 의 꽃으로 정서가 바뀌면서 아름다움과 손을 잡은 고향이 하나의 공간 속에 들어갈 수 있게 된다. 보라색의 등나무는 또다시 향기로 상승—지상의 이미지에서 천상의 이미지로 변하는 것은 고귀함을 연결하는 메신저의 역할에 '바람' 으로 상징을 구성하기 때문이다. 물론 향기는 '사랑처럼 젖어들고' 라는 사랑의 이미지와 나무(고향)가 하나의 이미지로 일체화할 때, 고귀함의 뜻을 갖게 되는 문법은 절차상의 문제가 될 뿐이다. 그만큼 혀용의 범주가 넓다는 이유가 내재한다.

3) 어머니와 물

심성이 강한 사람이나 약한 사람을 막론하고 어머니에 이르면 눈물이 난다. 눈물의 의미는 순수요, 사랑이라는 함량을 뜻하는 이유가 우선일 것이다. 〈사모곡〉, 〈장마비〉, 〈당신의 가슴에 전화를 달아놓고〉, 〈그리움〉, 〈성산 일출봉에 올라〉, 〈황지〉 등의 시는 어머니의 이미지를 시화(詩化)한 작품들이다. 이는 시인의 내면에 저장된 심리적인 지향(志向)점이 언어로 나타나는 흔적(trauma)을 의미하기 때문에 시인의 정서를 꼬집을 수 있는 가장 정확한 진단의 근거가 된다. 물론 악착한 현실을 능숙하게 살아가는 전사(戰士)의 인간이기보다는 정이 많은 사람이거나 외로움에 젖은 혹은 선한 좌표에 젖은 사람의 경우 어머니와 고향은 도피와 위안의 방편이 될 수 있는 근거를 제공하는 공간이 될 수도 있을 것이다.

부르기가 죄스러워
목소리를 낮춥니다.
'어머니' 한마디가
문풍지로 떨리는데
화롯가
깊은 겨울밤이 더욱 따스합니다.

이 세상 어떤 삶이
그렇게도 아름다우리까
어느 가슴 그리 넓어
많은 단비 내리리까

어머니,
햇빛 따스한 봄
꽃으로만 사소서.

〈사모곡〉

연작 5연 중 1연과 5연을 옮겼다. 마치 위당 정인보의 〈자모사〉를 연상한다. 사랑의 진원지로서의 어머니는 확실히 약하고, 여리고, 또 섬세하고—이 세상을 지배할 수 있는 파워는 어디에도 없을 것이다. 그러나 어머니의 힘은 사랑과 부드러움이 강함을 자극하는 에너지라는 데 이론이 없을 것이라면 '그렇게도' 라는 비교를 구사하여 아름다움을 강조하는 이유는 시인뿐만 아니라 모든 인간에게 공통으로 느끼는 심사—인간은 보다 강력하기를 위장하는 풍선 속에 있기를 원하는 속성 때문에 그렇다. 사랑의 힘은 부드러움이고 아늑함이기 때문에 위안과 안식을 받을 수 있는 공간이 어머니의 이미지에 닿게 된다.

'문풍지로 떨리는' 현실을 감싸는 것은 '화롯가' 즉, 어머니에 의해 겨울밤이 '따스합니다' 의 안식을 얻을 수 있는 이유를 발견한다. 이런 징후는 아름다움이거나 넓은 가슴 혹은 따스한 봄 이미지이거나 '꽃으로만' 이라는 한정사를 받으면서 화려한 꽃으로의 독립된 영역을 확보하게 된다. 마치 샘물이 어떤 원천으로 출발하는 것처럼 어머니에 대한 각인(刻印)은 항상 스미듯 다가오는 고귀한 사랑으로 요약된다. 강물이거나 바다 혹은 물은 이런 어머니의 사랑을 가져오는 매

개자의 역할을 적절히 수행하는 상징성이다.

무겁거든 마음 덜어
내 가슴에 걸어다오
휘도는 강물 따라
꽃잎으로 흐르다가
지치면
별빛 젖는 밤 쉬었다가 건너자.

떠남일랑 생각 말자
너와 나는 만남이다 강물도 돌아올라
이슬로 영글듯이
그리움
마주 서면은 언제나 만남이다.

오만한 불덩이로
절룩이던 그 허상들
되돌아 이 아침을
강물로 마주 앉아
어릴 적
둑길을 달리던 하얀 얼굴을 만나자.

〈강물로 마주 앉아〉

물은 길을 가는 속성을 갖고있고, 스미면서 하나로 동일화하는 동화(同化)의 울타리를 만든다. '강물'이 변형의 절차를 지나 '꽃잎'으로 화려한 변화를 만들 때, 환상미를, 꽃이 다시 '별'로 상승하면서 빛을 잉태한다. 아울러 빛이 모든 사람에

게 꿈을 주면서 그리움으로 인간의 가슴에 다가올 때, 미지의 대상과의 '만남'을 이루게된다. 이런 만남은 '아침'을 맞아 '강물'의 신선함에 파문을 이루면서 상쾌한 아침을 만나고, 다시 어린 날 추억과의 조우(遭遇)에서 '하얀 얼굴'의 소박한 추상(追想)과 연결된다.

문복선의 시에 하얀 색채는 추억을 자극하는 순수한 색채의 의미로 많이 등장한다. 〈장마 비〉, 〈바닷가 소요〉, 〈거제도 해금강〉, 〈밤바다〉, 〈강심〉, 〈서해낙조〉, 〈개펄〉, 〈강물로 마주앉아〉 등의 시에 물이나 바다의 출현은 시인의 시적 의도를 성취하는 길 만드는 역할을 다한다는 뜻이다.

4) 삶 혹은 그리움

인간이 살아가는 길엔 넘어야할 언덕이 많고, 이런 일은 항상 눈물과 아픔 혹은 고독을 지니면서 살게 된다. 위장과 낯설게하기라는 기교적인 생활을 할지라도 본질에 이르면 서글픈 고독의 그림자와 마주서는 것이 삶의 이름일 것이다. 결국 허무라는 이름 속에서 결코 자유로울 수 없는 것이 사는 일의 무게라 말한다. 아비규환과 아수라의 장(場)은 삶의 무상 혹은 허무의 옷을 벗을 수 없는 낯선 방황과 어울려야 할 때, 무게를 견디는 신념이 필요하게 된다.

찾은 것 하나 없어
내 가슴은 갈등이고

서 있는 곳 어딘지 몰라
마음은 바람 끝 쪽

나그네
봇짐도 없이
어디쯤 가고 있나.

〈질곡(桎梏)〉

사는 일이 차꼬와 수갑을 찬 것처럼 자유롭지 못한 처지를 벗어나는 방법이 있을까? 묶이어 있고 제한과 결박에 따른 아틀라스의 무게를 감내할 수밖에 달리 길이 없는 운명을 순례해야만 하는 생이다. 마치 모래를 손에 쥐면 허무가 남는 것 같은 삶에 '어디쯤'은 허무를 수반하게 될 수밖에 없다. 무언가 있을 것 같은 젊은 날이 지나면 허무는 당연한 미소로 다가올 것이기 때문에 삶의 성숙은 여기서 문을 열게 된다.

서로 체온을 나누는 어울림은 장바닥에서 흥을 돋굴 수 있을 것이다.

값싼 맛에 치수 다른
고무신짝 꾸겨 넣고

돼지새끼 몇 마리에도
흔수흥정 턱이 없네

비단 전(廛)
첫 거래에는

외상 트고 친구 되고.

〈장날〉

인간은 고독을 두려워하고 서로가 체온을 나누기 위해 또 다른 공간으로 통하는 길을 방황한다면 장 날는 이런 목적을 합치시켜주는 광장(廣場)이다. 생활의 편리를 교환하기 위해 고무신짝이나 돼지새끼를 흥정하는 일이나, 비단을 사는 일 등은 생활의 현장이 구체화되는 장면이다. 키를 낮추면서 살아가는 방법을 배우는 곳이고 또 자기를 공동의 광장에 내어 놓음으로써 자기를 터득하는 지혜의 수순을 배우는 곳이다. '친구 되고'는 인간의 교감이 순수하게 이루어지는 이름으로 대신하는 공간일 것이다.

순대 할미 깊은 주름
한 세월을 구겨 넣고

얼룩진 옷자락 속
먼지를 떠는 황혼

구겨진
지폐 한 장이
넝마처럼 날린다.

〈남대문 시장〉

장(場)이 도시의 시장으로 바뀌고, 다시 백화점 또는 할인 마트 등으로 변했어도 인간의 필요를 충족하는 공간으로의 임무는 같을 것이다. 물론 남대문 시장이 도회적인 뉘앙스를 나타낸다면 장은 시골의 순수함을 인식하는 느낌을 갖는다. 어떻든 인간의 체온을 교감하는 점에서 '순대'와 '깊은 주름'은 삶의 아픔을 떠올리고, 구겨진 지폐의 의미는 고달픔을 부추기는 상징의 이름으로 들어간다. 〈게시판〉이나 〈남대문시장〉 혹은 〈개펄〉,〈질곡〉 등은 이런 삶의 애환의 흔적을 남기는 시(詩)들이다.

그리움은 순수할 때, 유난히 빛을 내는 추상의 이름이다. 아울러 그리움은 사랑의 아름다움을 자극하는 점에서—물론 이성적인 의미가 아닌—꿈으로 길을 인도하는 속성을 갖는다.

누군가 내 영혼을 흔드는 소리 있어
바람인가 대숲인가
맨발로 나가 보니
바다가
깊은 밤길을
혼자서 걸어온다.

어제 그제 설운 세월 빗질하여 무엇하랴
길 잃은 그림자들
갈증으로 떠는 이 밤
너와 난
머언 그리움을
마주 보고 걸어가자.

〈밤바다〉

양주동은 "말과 상이 다 좋아도 요는 토에 달렸느니"라는 말로 시조의 어미처리가 중요하다는 말을 했다. 이는 여백을 어떻게 남기는가의 문제를 거론하는 일이라면 문시인의 어미처리는 다소 어긋난 일 특히 마침표를 처리하는 일—시는 쉼표나 마침표 혹은 띄어쓰기조차 의미를 증폭하는 총체적인 의미의 종합이라야 한다면 숙고할 여지가 있을 것이다.

밤바다가 시인의 그리움을 이동하는 매체로 작용한다. 서러운 세월과 밤은 그리움을 부추기는 요인으로 작용하고 또 삶의 에너지를 충전하는 이름으로 환치(換置)될 때, 삶의 원형은 보다 충실한 자기 찾기의 영역으로 귀환— '그리움의 불을 켜고, 마주보고 걸어가자' 의 청유형은 신념을 강조하는 효과로 마침표는 당당할 수 있기 때문이다.

5) 문명 그리고 아픔

자연스럽다는 뜻에는 자연은 인간의 손이 묻지 않는 '그대로' 의 가감 없는 상태를 지향한다. 그러나 인간의 편리를 위해?있는 그대로?는 점차 변하는 상태로 나타날 때, 문명 파괴의 문제는 결국 인간에게 치명적인 아픔으로 다가온다.

서양 문화는 이런 현상—인간의 편리를 앞세워 자연을 정복으로 바라보는 문제가 오늘의 문명피해를 걱정하는 본질이 되었다. 동양의 생명관은 자연과 인간이 어떻게 하나가 될 수 있는 가에 있었고, 서양은 인간을 위해 자연을 대상으로 바라보는 데서 차이가 있다. 서양의 기독교는 이런 문제 "내 앞에 다른 신을 둘 수 없는" 절대의 신념이 수많은 전쟁의 역사로 점철되었기 때문이다. 인간만의 편리를 위해 길을 곧게 내는 것이 고속도로이지만 생명체의 단절은 필연적인 일이 된다. 그러나 동양 사회의 길은 물이 흐르는 데로 구불구불—자연위주의 사상이다.

그 화가는 잿빛으로만
도시를 그린단다
붓 대신 손가락으로
짓뭉개 칠한단다
빠알간
촛불 하나도 잿빛으로 켜놓고.

함박눈은 잿빛 공간
생명 잃어 정시되고
공간을 건너가던
시간도 잿빛이다
어느 때
보랏빛 사랑 손끝에서 터질까.

〈잿빛 그림〉

보랏빛이 희망이라면 잿빛은 죽음의 의미를 나타낸다. 이는 도시의 이름에서 얻은 문명의 그늘이면서 절망을 상징한다. 모든 사물이 잿빛으로 가득할 때, 인간의 눈이 푸른 하늘을 향하는 이치—푸른 색채는 구원을 의미한다. 결국 보랏빛과 사랑의 이름은 순수와 희망으로 돌아가기 위해 불을 켜는—자각증상을 호소하는 이름일 것이다.

긴 띠가 요동하니
큰 놈이 분명하다
좋아라 낚아채나
썩은 비늘 춤을 춘다
요새는 녹슨 바늘에
허상들만 꿰인다

〈한강 낚시꾼〉

'허상'의 시어는 〈도봉을 오르며〉에서도 나온다. 이는 결국 순수를 훼손한 원인에서 나오는 현상이기 때문에 치유의 방도는 결국, ?있는 그대로? 귀환하는 일이다. "언젠가 그 향기는/매립장에 끌려가고/오만한 회색 집들/굳게 닫힌 유리창문/그 언덕/구석진 그늘엔/꽃잎 하나 없구나"〈춘삼월 물오르면〉처럼 삭막과 절망이 현대인의 가슴을 채울 때, 아픔은 부메랑이 되어 편리를 잠식하게 된다는 뜻이다.

Ⅲ. 에필로그

시조는 형식을 중시하는 점에서도 전통의 이름으로 돌아간다. 그러나 내용에서는 자유정신을 시현(示顯)하는 특성을 갖고있기 때문에 때로 변화를 수용하는 과감성이 필요한 것도 있다. 물론 전통은 새로운 기류에 도전을 받을 수밖에 없는 운명에서 발전의 빌미가 있기 마련이다. 두려움이 없는 길항의 자세가 시조에 필요한 덕목이 될 때, 시조의 정서는 현대의 호흡을 조화롭게 휘저어야 한다는 숙명을 안고있다.

문복선의 시에는 바람과 강물이 시인의 의식을 이동하는 메신저의 역할을 한다. 바람과 물(바다)이 시인의 정서를 결합하는 기능과 이동하는 역할을 원활히 수행할 때 시의 표정은 환한 모습을 보이게 된다. 이 메신저의 역할에 의해 고향을 찾아갈 수 있는 모티브를 제공하면서 따스함과 안락(安樂)을 위한 공간으로 이동하려는 특색을 공유한다. 그러나 그 거리는 항상 닳을 수 없어 안타까움으로 나타나는 정서가 주조를 이루고있다. 어머니의 이름에서 편안함과 사랑을 추억하는 일면 삶의 원형으로의 작용을 나타낸다. 이는 고달픔과 아픔을 넘을 수 있는 동력(動力)을 가진 인자(因子)가 될 때, 어머니는 과거지향의 상징이 아니라 내일로 에너지를 충전하는 모태가 되는 것 같다.

삶을 바라보는 이름은 그의 성품에서 나타난 것처럼 평범하고 따뜻한 체온을 그리워하는 형태가 〈장〉이나 〈마당〉혹은 〈남대문시장〉같은 서민적인 상징성으로 드러난다. 넓거나 웅장하거나 번쩍거리는 것이 아닌, 평범이라는 시어에서 인간의 가슴을 편안하게 하는 불빛을 만나는 의미에 충실할 수 있게 된다면, 문복선의 시에는 그런 공간으로 향하는 고담(枯淡)하고 따스한 고독에 눈을 맞춘, 개성의 시인으로 다가온다.

문복선 시조집

마 당

인쇄일 초판 1쇄 2003년 02월 07일
2쇄 2017년 02월 04일
발행일 초판 1쇄 2003년 02월 13일
2쇄 2017년 02월 14일

저 자 문 복 선
발행인 정 찬 용
발행처 국학자료원
등록일 2006.113.02 제2007-12호

서울시 강동구 성내동 447-11 현영빌딩 2층
Tel : 442-4623~4 Fax : 442-4625
www. kookhak.co.kr
E- mail : kookhak2001@hanmail.net

가 격 8,000원